Karina Fischfeld
Smoothie Rezepte Buch
1. Auflage
ISBN 979-8-5809-7066-0
Kontakt: Christian Giesen
Ulhausgasse 15
52379 Langerwehe
Covergestaltung: Christian Giesen
Coverfoto: Christian Giesen

INHALT

Was sind Smoothies?

Smoothies sind die wohl leckerste Alternative zu Salat, Obst und Gemüse.

Es handelt sich hierbei um ein Getränk, welches aus püriertem Obst/ Gemüse sowie Flüssigkeit (Wasser, Saft oder Milch) besteht. Wo Obst bei vielen Konsumenten durch seine süßen Geschmäcker recht gern verzehrt wird, so tun sich andere bei der Einnahme von Brokkoli, Spinat und Co. etwas schwer. Das Resultat: Gemüse kommt seltener auf den Tisch und stattdessen wird zu der ungesunden Pizza oder dem fettigen Fast Food gegriffen. Das geht an dem Körper nicht spurlos vorbei. Er

wird Träge, man fühlt sich schneller schlapp und im schlimmsten Fall führt das fettige und nährstoffarme Essen zu gesundheitlichen Problemen.
Nicht mit Smoothies!

Der Smoothie ist eine pürierte Variante von gesunden Zutaten wie Obst & Gemüse, die in einem Mixer püriert, mit Flüssigkeiten vermischt werden und auf diese Weise ihre fruchtige und cremige Konsistenz bekommen. Gekühlt oder auch mit Eis verfeinert lässt er sich zu jeder Jahreszeit genießen.

Was macht ein gutes Smoothie Rezept aus?

Ein gutes Smoothie Rezept besteht meist aus 50% Püree & Mark. Das bedeutet, dass gewählte Obst und Gemüse wird in einem Mixer püriert. Die anderen 50%bestehen aus der Flüssigkeit, sprich Wasser, Direktsaft oder Milch, welche mit dem Obst und Gemüse im Mixer zusammen vermengt werden.
Mittlerweile sind sämtliche Smoothies auch in den Supermärkten zu finden, jedoch kann man an der Rezeptur schnell erkennen, dass unnötige Zutaten wie Zucker oder Aromen hinzugegeben wurden. Das ist nicht wirklich ge-

sund. Zumal der Eigenzucker der Zutaten, auch Fruchtzucker genannt, ausreichend vorhanden ist. Allergien, Stoffwechselprobleme und Unverträglichkeiten können die Folge sein. Zudem verlieren Smoothies mit der Zeit an Nährstoffen. Am besten machen Sie sich einen frischen Smoothie selbst und trinken ihn gleich. So können Sie sicher sein, dass Sie das Richtige für Ihre Gesundheit getan haben. Anregungen und interessante Smoothie Rezepte zum Ausprobieren, finden Sie nachfolgend in einer tollen Zusammenstellung. Frühstücks-, Nachtisch-, Grüne-, Rote- aber auch vegane Smoothies habe ich für Sie übersichtlich zusammengestellt. Verfeinerungen mit Eis oder gar ausgefallene Mischungen mit unüblichen Smoothie- Rohkostzutaten finden ebenso Ihren Platz.

Früchte- Smoothies

ANANAS SMOOTHIE

Nährwerte pro Portion

kcal

290

Eiweiß

13,22 g

Fett

5,23 g

Kohlenhydr.

44,06 g

Zutaten:

200 g Ananas, frisch oder aus der Dose

500 ml Buttermilch

200 g Joghurt

2 EL Honig, oder Zucker

Zubereitung:

Ananas schälen und schneiden dann in einen Messbecher geben. Buttermilch, Joghurt, Zucker oder Honig dazugeben und alles mit einem Pürierstab gut durchmischen, in ein großes Glas füllen.

Ergibt ungefähr 350 ml. Wenn Ihnen ein wenig die Süße fehlt, können Sie noch 2 Datteln oder alternativ 1 TL Agavendicksaft hinzumischen.

APFEL- BANANE SMOOTHIE

Nährwerte pro Portion

kcal

240

Eiweiß

3,82 g

Fett

2,17 g

Kohlenhydr.

50,56 g

Zutaten:

1 Banane(n), geschält

1 großer Apfel, geschält

250 ml Orangensaft

100 ml Milch

evtl. Zucker

Zubereitung:

Alle Zutaten in den Mixer geben, so lange mixen bis man keine Stückchen mehr sieht. Es geht genauso mit dem Pürierstab.

Am besten gut gekühlt genießen. Wer mag, kann ein bisschen Zucker hinzugeben.

HIMBEER SMOOTHIE

Nährwerte pro Portion

kcal

119

Eiweiß

1,80 g

Fett

0,39 g

Kohlenhydr.

24,80 g

Zutaten:

150 g Himbeeren (TK)

200 g Aprikose(n) oder Pfirsiche

2 EL Sirup (Himbeersirup)

150 ml Mineralwasser, eiskalt

etwas Wasser

Zubereitung:

Die Himbeeren in eine hohe Schüssel geben. Die Aprikosen oder Pfirsiche waschen, halbieren, den Kern entfernen und das Fruchtfleisch klein schneiden. Zu den Himbeeren geben und den Himbeersirup darüber gießen. Etwas Wasser dazugeben. Mit dem Pürierstab auf höchster Stufe ca. 3 Minuten zu einem cremigen Drink mixen. In zwei Gläser füllen und nach Wunsch mit dem eiskalten Mineralwasser verdünnen.

AVOCADO KIWI APFEL-SMOOTHIE

Nährwerte pro Portion

kcal

186

Eiweiß

1,99 g

Fett

4,15 g

Kohlenhydr.

32,61 g

Zutaten:

½ Avocado(s)

2 Kiwi(s)

1 kleine	Banane(n)
0,2 Liter	Apfelsaft
0,1 Liter	Wasser
1 Spritzer	Zitronensaft

Zubereitung:

Die Avocado schälen, entkernen und klein schneiden. Die Kiwi schälen und klein schneiden. Die Banane ebenfalls schälen und klein schneiden.

Alles in einen Mixbecher geben und zusammen mit Apfelsaft, Zitronensaft und Wasser mixen.

ERDBEER BANANEN SMOOTHIE

Nährwerte pro Portion

kcal

156

Eiweiß

2,54 g

Fett

0,70 g

Kohlenhydr.

32,23 g

Zutaten:

200 g Erdbeeren

1 Banane(n), reife

200 ml Orangensaft

Zubereitung:

Die Erdbeeren waschen und putzen. In einen Mixer geben. Die Bananen schälen, klein schneiden und auch in den Mixer geben. Den Orangensaft dazu gießen und alles fein pürieren.

Möglich sofort servieren, da sich der Smoothie, je nach Leistungsstärke des Mixers, absetzen kann. Das ist nicht schlimm, sieht halt nur nicht mehr so gut aus.

BLAUBEER KOKUS SMOOTHIE

Nährwerte pro Portion

kcal

180

Eiweiß

4,84 g

Fett

3,92 g

Kohlenhydr.

27,64 g

Zutaten:

300 ml Orangensaft

1 Becher Joghurt (Kokos-Joghurt)

300 g Heidelbeeren (Blaubeeren), frisch oder TK

etwas Honig

Zubereitung:

Orangensaft, Kokosjoghurt und Blaubeeren in den Mixer geben und pürieren. Das Ganze nach Geschmack mit Honig süßen.

BROMBEER SMOOTHIE

Nährwerte pro Portion

kcal

409

Eiweiß

22,66 g

Fett

22,95 g

Kohlenhydr.

27,94 g

Zutaten:

250 g Brombeeren

1 TL Zitronensaft

1 EL Puderzucker

1 Pck. Vanillezucker

400 ml Milch, eiskalte

2 EL Quark, (Topfen)

2 Kugel/n Eis, (Vanilleeis)

50 ml Schlagsahne, (Schlagobers)

Zubereitung:

Einige Brombeeren für die Garnitur beiseitelegen.

Die restlichen Brombeeren mit Zitronensaft, Puderzucker, und ½ Päckchen Vanillezucker im Mixer pürieren. Milch, Topfen und Eis untermixen.

Schlagobers steif schlagen, dabei den restlichen Vanillezucker unterrühren. In einen Spritzbeutel mit Sterntülle füllen.

Den Smoothie in Gläser gießen und mit Schlagobers und Brombeeren garnieren.

MELONEN SMOOTHIE

Nährwerte pro Portion

kcal

239

Eiweiß

7,34 g

Fett

5,56 g

Kohlenhydr.

37,90 g

Zutaten:

½ Melone(n), Galia

250 g Joghurt

10 Blätter Zitronenmelisse

1 Prise(n) Muskat

1 EL Zitronensaft

Zubereitung:

Melonenfleisch in Stückchen schneiden und mit allen Zutaten mit dem Pürierstab durchmixen und sofort servieren.

Melone und Joghurt sollten Kühlschranktemperatur haben.

ERDBEER SMOOTHIE

Nährwerte pro Portion

kcal

171

Eiweiß

2,93 g

Fett

1,01 g

Kohlenhydr.

34,52 g

Zutaten:

175 g Erdbeeren, es gehen auch gefrorene

½ Banane(n)

250 ml Orangensaft

½ EL Honig (Waldhonig)

2 Erdbeeren für die Garnitur

Zubereitung:

Erdbeeren putzen, vierteln und auf einem Brettchen oder Gefriertablett einfrieren. Banane schälen. Mit Orangensaft, Honig und gefrorenen Erdbeeren glatt pürieren, in Gläser füllen, mit je einer Erdbeere garnieren und sofort servieren.

GRANATAPFEL-BANANEN-MANDARINEN-SMOOTHIE

Zutaten:

½ Granatapfel

2 Mandarine(n)

1 Banane(n)

250 ml Buttermilch

1 EL Schmelzflocken

2 EL Agavendicksaft

Zubereitung:

Die Kerne aus dem halben Granatapfel herauslösen, den Saft dabei auffangen. Die Kerne in einen Becher geben und mit dem Pürierstab weitestgehend zerkleinern. Die zerkleinerten Kerne durch ein Sieb streichen.

Jetzt alle Zutaten: Granatapfelsaft und -püree, klein geschnittene Banane, Saft von ausgepressten Mandarinen, Buttermilch, Schmelzflocken und Agavendicksaft in den Mixer füllen und kräftig durchmixen.

KIRSCH SMOOTHIE

Nährwerte pro Portion

kcal

229

Eiweiß

6,83 g

Fett

6,04 g

Kohlenhydr.

35,69 g

Zutaten:

200 g Kirsche(n), entsteint

300 g Joghurt

2 EL, gestr. Honig

2 Schuss Milch

Zubereitung:

Alle Zutaten in einen Rührbecher geben und mit einem Pürierstab gut durchmischen, dann in Gläser füllen. Ergibt zwei große Gläser.

AVOCADO MANGO SMOOTHIE

Nährwerte pro Portion

kcal

122

Eiweiß

3,90 g

Fett

7,47 g

Kohlenhydr.

9,07 g

Zutaten:

½ Avocado(s), ca. 60 g Fruchtfleisch

¼ Mango(s), ca. 90 g Fruchtfleisch

½ Limette(n), den Saft davon

200 ml Milch 1.5%

Zubereitung:

Avocado und Mango pürieren, restliche Zutaten zugeben und gut durchmixen. Wem die Konsistenz zu dick ist, kann stilles oder Leitungswasser zugeben.

MELONEN SMOOTHIE

Nährwerte pro Portion

kcal

239

Eiweiß

7,34 g

Fett

5,56 g

Kohlenhydr.

37,90 g

Zutaten:

½ Melone(n), Galia

250 g Joghurt

10 Blätter Zitronenmelisse

1 Prise(n) Muskat

1 EL Zitronensaft

Zubereitung:

Melonenfleisch in Stückchen schneiden und mit allen Zutaten mit dem Pürierstab durchmixen und sofort servieren.

Melone und Joghurt sollten Kühlschranktemperatur haben.

ORANGEN BANANEN BUTTERMILCH SMOOTHIE

Nährwerte pro Portion

kcal

144

Eiweiß

5,94 g

Fett

0,94 g

Kohlenhydr.

24,77 g

Zutaten:

1 Orange(n)

½ Banane(n)

250 ml Buttermilch

etwas Zitronensaft, frisch gepresst

n. B. Honig, ca. 1 TL

Zubereitung:

Die Orange schälen und klein schneiden. Die Banane ebenfalls schälen und klein schneiden.

Die Banane, Orange, Buttermilch und den Zitronensaft mixen und mit Honig sowie Zitronensaft abschmecken.

PFIRSICH SMOOTHIE

Nährwerte pro Portion

kcal

165

Eiweiß

4,36 g

Fett

4,43 g

Kohlenhydr.

24,32 g

Zutaten:

0,67 gr. Dose/n Pfirsich(e), und ca. die Hälfte vom Saft

133 g Naturjoghurt 0,1 % Fett

33,3 g Sahne, kalorienreduziert

Honig, n. B.

Süßstoff, n. B.

Minze, zum Verzieren (o.ä.)

Zubereitung:

Alle Zutaten (außer der Minze) im Mixer pürieren, in bereitstehende Gläser gießen und mit der Minze verzieren.

Wenigstens 1 Stunde kaltstellen.

Der Pfirsich-Smoothie ist nicht allzu dickflüssig.

WASSERMELONEN SMOOTHIE

Nährwerte pro Portion

kcal

66

Eiweiß

4,03 g

Fett

2,05 g

Kohlenhydr.

7,42 g

Zutaten:

400 g Melone(n) (Wassermelone)

n. B. Eis, gewürfeltes

Zubereitung:

Die Wassermelone teilen. Nach Bedarf etwas davon zum Garnieren abschneiden und in Stücke schneiden. Den Rest schälen, entkernen und in kleine Stücke schneiden. Das Fruchtfleisch in einem Mixer oder eine Küchenmaschine geben und glatt pürieren. In zwei Gläser jeweils einige Eiswürfel geben und mit dem Smoothie aufgießen. Mit den Wassermelonenstücken garnieren und servieren. Ist super durstlöschend, erfrischend und wirklich schnell gemacht.

Grüne Smoothies

BASILIKUM SMOOTHIE MIT CHIA SAMEN

Nährwerte pro Portion

kcal

302

Eiweiß

11,47 g

Fett

12,90 g

Kohlenhydr.

29,28 g

Zutaten:

2 EL Chiasamen

240 ml Milch

6 EL Joghurt

1 Banane(n)

2 Limette(n), Bio

2 Handvoll Basilikumblätter

Zubereitung:

Die Chia-Samen für 10 bis 15 Minuten in 4 EL Wasser einweichen.

Milch, Joghurt, kleingeschnittene Banane, 2 EL Limettensaft, 1 TL Limettenzesten und das grob zerkleinerte Basilikum im Mixer cremig pürieren. Die eingeweichten Chia-Samen zugeben und nochmals auf höchster Stufe durchmixen.

BANANEN BROKKOLI SMOOTHIE

Nährwerte pro Portion

kcal

148

Eiweiß

5,50 g

Fett

0,88 g

Kohlenhydr.

27,46 g

Zutaten:

0,67 gr. Dose/n Pfirsich(e), und ca. die Hälfte vom Saft

133 g Naturjoghurt 0,1 % Fett

33,3 g Sahne, kalorienreduziert

Honig, n. B.

Süßstoff, n. B.

Minze, zum Verzieren (o.ä.)

Zubereitung:

Die Banane schälen und grob zerkleinern und gleich mit Zitronensaft beträufeln. Den Brokkoli kurz in Wasser dünsten und dazu geben. Das Mangostück schälen und grob schneiden. Alle Zutaten pürieren und mit Buttermilch auffüllen. Wer möchte, kann noch etwas Honig oder Agavensirup zufügen.

GRÜNER POWER SMOOTHIE

Nährwerte pro Portion

kcal

369

Eiweiß

18,53 g

Fett

2,17 g

Kohlenhydr.

63,97 g

Zutaten:

500 g	Blattspinat, gefroren oder frisch
300 g	Erbsen, gefroren oder frisch
10 g	Ingwerwurzel
200 g	Stangensellerie
200 g	Romanasalat
300 g	Salatgurke(n)
400 g	Banane(n), nicht zu reif
800 ml	Wasser

Zubereitung:

Alle Zutaten in den Mixer geben und so lange verarbeiten, bis keine größeren Stücke mehr sicht- oder fühlbar sind.

Empfehlenswert ist ein Power-Mixer, um alles schön sämig zu verarbeiten. Mit diesem kann man auch gefrorene Zutaten ohne Probleme kleinschneiden.

Bei der angegebenen Menge erhalten Sie ca. 1.500 ml.

Als Sportler füge ich noch 5 EL Eiweißpulver hinzu und erhalte den optimalen Fitness-Shake.
Ein optimaler Shake auch für Kinder, die ungern Gemüse essen. Hierfür kann man gern Orangen oder Äpfel ergänzen, um den Geschmack abzurunden.

GURKE EISBERGSALAT SMOOTHIE

Nährwerte pro Portion

kcal

20

Eiweiß

0,94 g

Fett

0,29 g

Kohlenhydr.

3,09 g

Zutaten:

200 ml Wasser

1 Spritzer Zitronensaft

5 Blätter Basilikum

150 g Gurke(n)

100 g Eisbergsalat, andere funktionieren auch

Pfeffer

Oregano

Kümmel

Gewürz(e) nach Geschmack

Zubereitung:

Die Gurke in kleine Stücken schneiden, den Salat ebenfalls ein wenig zerkleinern, dann alle Zutaten in den Standmixer geben und so lange pürieren bis keine Gemüsestücke mehr erkennbar sind und die Flüssigkeit sämig ist.

Natürlich können auch bei diesem Rezept Zutaten hinzugefügt, ausgetauscht oder weggelassen werden.

GRÜNKOHL SMOOTHIE MIT ORANGE UND MANGO

Nährwerte pro Portion

kcal

109

Eiweiß

1,73 g

Fett

0,69 g

Kohlenhydr.

21,26 g

Zutaten:

1 Blatt Grünkohl, frisch, ohne Stängel

1 Orange(n)

1 Mango(s)

Zubereitung:

Das Blattgrün eines großen Grünkohlblattes in Stücke schneiden. Die Orange schälen und in Stücke schneiden. Die Mango schälen und das verwertbare Fruchtfleisch in Stücken abschneiden. Alle diese Zutaten in einen Mixer geben und 2 Minuten lang mixen.

Anmerkung:

Dieser grüne Smoothie ist eine wahre Vitaminbombe und schmeckt auch Kindern. Er ist hervorragend geeignet für den Einstieg in die Welt der grünen Smoothies, da er fruchtig und überhaupt nicht grün schmeckt - und schon gar nicht nach Kohl.

GURKE BIRNEN SMOOTHIE

Nährwerte pro Portion

kcal

56

Eiweiß

0,70 g

Fett

0,37 g

Kohlenhydr.

13,11 g

Zutaten:

65 g Salatgurke(n), ungeschält

200 g Birne(n)

½ Msp. Kurkumapulver

½ TL, gestr. Pfeffer, schwarz

Wasser

Zubereitung:

Das Gurkenstück in grobe Stücke schneiden. Die Birne entkernen und ebenfalls in grobe Stücke schneiden. Beides in einen Mixer geben. Kurkuma und Pfeffer hinzufügen und mit kaltem Wasser, bis zur 1,25 Liter-Marke auffüllen. 2 Minuten lang bei höchster Stufe mixen.

GURKEN SMOOTHIE MIT BANANE UND RUCOLA

Nährwerte pro Portion

kcal

252

Eiweiß

8,81 g

Fett

6,30 g

Kohlenhydr.

37,62 g

Zutaten:

400 g Salatgurke(n), Bio

2 kleine Banane(n)

40 g Rucola

300 g Joghurt

Zubereitung:

Die Salatgurke abspülen und in Stücke schneiden. Die Banane schälen und grob zerkleinern. Den Rucola waschen, gut abtropfen lassen und grob hacken.

Alles zusammen mit dem Joghurt im Mixer fein pürieren. Gekühlt servieren.

GRÜNER POWER SMOOTHIE

Nährwerte pro Portion

kcal

369

Eiweiß

18,53 g

Fett

2,17 g

Kohlenhydr.

63,97 g

Zutaten:

250 g Blattspinat, gefroren oder frisch

150 g Erbsen, gefroren oder frisch

5 g Ingwerwurzel

100 g Stangensellerie

100 g Romanasalat

150 g Salatgurke(n)

200 g Banane(n), nicht zu reif

400 ml Wasser

Zubereitung:

Alle Zutaten in den Mixer geben und so lange verarbeiten, bis keine größeren Stücke mehr sicht- oder fühlbar sind.
Empfehlenswert ist ein Power-Mixer, um alles schön sämig zu verarbeiten. Mit diesem kann man auch gefrorene Zutaten ohne Probleme kleinschneiden.

Bei der angegebenen Menge erhalten Sie ca. 1.500 ml.

Als Sportler füge ich noch 5 EL Eiweißpulver hinzu und erhalte den optimalen Fitness-Shake.
Ein optimaler Shake auch für Kinder, die ungern Gemüse essen. Hierfür kann man gern Orangen oder Äpfel ergänzen, um den Geschmack abzurunden.

BROKKOLI-SMOOTHIE

Zutaten:

1 Handvoll Brokkoli Röschen

1 Scheibe/n Ananas, frisch, ohne Schale

½ Banane(n), ohne Schale

½ Apfel l, ohne Kerngehäuse

etwas Zitronensaft

250 ml Mandelmilch (Mandeldrink)

etwas Agavendicksaft

etwas Vanilleextrakt

Zubereitung:

Gemüse und Obst grob zerkleinern, zusammen mit etwas Zitronensaft und der Mandelmilch im Mixer pürieren. Mit Zitronensaft, Agavendicksaft und Vanilleextrakt abschmecken.

SPINAT SMOOTHIE MIT KURKUMA

Nährwerte pro Portion

kcal

97

Eiweiß

2,48 g

Fett

0,79 g

Kohlenhydr.

20,20 g

Zutaten:

100 g	Blattspinat, frischer
80 g	Banane(n)
70 g	Apfel
70 g	Birne(n)
380 ml	Mineralwasser, stilles oder Leitungswasser
2 TL	Kurkumapulver

Zubereitung:

Alle Zutaten gut kühlen. Dann zerkleinern und in einen Mixer oder Smoothiemaker geben und bis zur gewünschten Konsistenz mixen. Zeitnah genießen.

GRÜNER SPARGEL-SMOOTHIE

Zutaten:

300 g Spargel, grün

300 ml Wasser

40 g Petersilie, frisch

2 Orange(n), den Saft davon

n. B. Meersalz, aus der Mühle

n. B. Zitronenpfeffer

Zubereitung:

Vom Spargel die holzigen Enden abschneiden. Die Stangen in kleinere Stücke schneiden, mit dem Wasser in einem Topf aufkochen, dann bei kleiner Hitze ca. 15 Minuten weichkochen. Den Topf von der Kochstelle nehmen und die gewaschene, klein geschnittene Petersilie untermischen.

Den Topfinhalt mit einem Mixstab pürieren und komplett abkühlen lassen. Stellt man den Topf dazu in kaltes Wasser, geht das recht schnell.

In den erkalteten Smoothie den ausgepressten Orangensaft rühren. Mit Meersalz und Zitronenpfeffer abschmecken. Den Smoothie in ein Glas füllen, garnieren und servieren.

KIWI-GURKEN-SMOOTHIE

Zutaten:

107 g Kiwi(s)

83,3 g Salatgurke(n)

167 g Birne(n)

133 ml Orangensaft

1 TL Honig

Zubereitung:

Die Kiwis, die Salatgurke und die Birnen schälen. Danach alles klein schneiden und in einem Mixer, zusammen mit dem Orangensaft und dem Honig, mixen. Anschließend alles in ein Glas geben und genießen.

Rote- Smoothies

SÜßER ROTE BETE SMOOTHIE

Zutaten:

4 Rote Bete, vorgekocht

6 kleine Orange(n)

4 große Karotte(n)

2 Scheibe/n Zitrone(n), unbehandelt

2 TL Rapsöl, oder Olivenöl

Zubereitung:

Für den Smoothie alle Zutaten nacheinander durch eine Saftpresse geben, anschließend im Glas noch mal gut durchrühren. Bei mir reichten Obst und Gemüse für ein großes Smoothieglas aus.

ROTE-BETE-HIMBEER-SMOOTHIE

Zutaten:

1 Knolle/n Rote Bete, vorgekocht und geschält

100 g Himbeeren, frisch oder TK

1 Apfel

5 Dattel(n)

n. B. Pflanzenmilch (Pflanzendrink)

Zubereitung:

Den Apfel schälen, halbieren, entkernen und würfeln. Rote Beete, Himbeeren, Apfelstücke und die Datteln in eine tiefe Schüssel geben und die Mischung pürieren. Wenn TK-Himbeeren verwendet werden, sollten sie vor dem Pürieren aufgetaut werden.

Anschließend so viel pflanzliche Milch unterrühren, bis die gewünschte Konsistenz erreicht ist.

ROTER JOHANNISBEER-BANANEN-SMOOTHIE

Nährwerte pro Portion

kcal

101

Eiweiß

4,01 g

Fett

0,70 g

Kohlenhydr.

17,37 g

Zutaten:

150 g Johannisbeeren, rot

½ Banane(n)

150 ml Buttermilch

1 Spritzer Limettensaft

n. B. Zucker oder Agavendicksaft

Zubereitung:

Die Johannisbeeren entrispen und waschen. Die Banane schälen und grob zerkleinern.

Das Obst mit dem Limettensaft und der Buttermilch mixen und mit Zucker oder Agavendicksaft abschmecken. In Gläser füllen.

ROT-GRÜNER SMOOTHIE FÜR EINSTEIGER

Zutaten:

200 g Himbeeren, möglichst TK

160 g Banane(n)

2 Handvoll Mangold

80 g Rote Bete

10 Mandel(n)

320 ml Wasser

300 g Birne(n)

evtl. Zitronensaft

Zubereitung:

Einfach alle Zutaten gut waschen und zusammen im Mixer pürieren. Bei Bedarf noch ein paar Spritzer Zitrone dazugeben, dann bleibt die tolle Farbe länger erhalten.

Das Rezept ist echt super easy und schmeckt ganz toll, besonders die Farbe bringt viele Smoothieverweigerer dazu, einen Smoothie zu trinken, der Blattgrün enthält.

ROTE BEEREN-LIMETTEN-SMOOTHIE

Zutaten:

2 Handvoll Beeren, rote, tiefgekühlte oder frische

4 Banane(n)

2 Limette(n)

20 Blätter Minze, frische, je nach Intensität des Minzgeschmacks

6 TL Rohrzucker

Zubereitung:

Zuerst die Beeren in einen hohen Behälter geben und für ca. 10 Minuten auftauen lassen.

Die zwei Bananen in Stücke schneiden und zugeben. Die Limette auspressen und den Saft über das Bananengemisch geben. Die Minzblätter waschen und mit dem Rohrzucker zugeben. Mit dem Mixstab pürieren und servieren.

BLOODY SMOOTHIE

Zutaten:

3 Blutorange(n)

1 Banane(n)

1 Becher Naturjoghurt, 3,5 %

1 EL, gehäuft Waldhonig

1 Spritzer Zitronensaft

Zubereitung:

Die Blutorangen halbieren und auspressen. Die Banane schälen und in Stücke schneiden. Den Orangensaft mit allen Zutaten in einem Mixer fein pürieren. In Gläser füllen und genießen.

ROTE BETE-SMOOTHIE MIT BLUTORANGE UND AVOCADO

Zutaten:

2 Knolle/n Rote Bete, roh, klein

2 Blutorange(n)

½ Avocado(s)

etwas Zitronensaft

250 ml Wasser

etwas Agavendicksaft

Zubereitung:

Die rote Bete und die Blutorangen schälen und in Stücke schneiden. Von der Avocado den Stein entfernen, das Fruchtfleisch aus der Schale heben, grob zerkleinern und mit Zitronensaft beträufeln.

Alles zusammen mit dem Wasser im Mixer pürieren, bei Bedarf noch etwas Wasser zugeben und mit Agavendicksaft abschmecken.

BEEREN-SMOOTHIE MIT ERDBEEREN UND KIRSCHEN

Zutaten:

1 Handvoll Himbeeren

1 Handvoll Kirsche(n), entsteint

1 Handvoll Johannisbeeren

1 Handvoll Erdbeeren

evtl. Zucker

Zubereitung:

Alle Früchte waschen, die Erdbeeren eventuell grob schneiden und in einen Mixbecher geben. Nach Belieben etwas Zucker zugeben.

Mit dem Pürierstab fein pürieren und in Gläsern anrichten.

PFIRSICH-BEEREN-SMOOTHIE

Zutaten:

½ Handvoll Johannisbeeren, rote

¾ Handvoll Himbeeren

2 Pfirsich(e), reife, oder welche aus der Dose

¼ Becher Naturjoghurt

ml Milch

½ TL, gestr. Zucker, (Zimtzucker)

etwas Minze, zum garnieren

Zubereitung:

Pfirsiche schälen, vierteln und in ein hohes Gefäß geben, Himbeeren, Johannisbeeren, die Hälfte der Milch und den Naturjoghurt zufügen und vorsichtig mit dem Pürierstab zerkleinern. Sobald sich die Zutaten zu einem Brei vermischt haben, die restliche Milch dazugeben und gründlich pürieren. Nach Geschmack noch etwas Zimtzucker darüber streuen, unterrühren und auf vier Gläser verteilen. Mit je einem kleinen Zweig frischer Minze garnieren und servieren.

Schmeckt auch mit vielen anderen Früchten. Einfach mal ausprobieren.

Frühstücks-Smoothies

APFEL- QUARK-SMOOTHIE

Nährwerte pro Portion

kcal

232

Eiweiß

12,02 g

Fett

8,08 g

Kohlenhydr.

28,76 g

Zutaten:

1 Apfel

1 Birne(n)

170 ml Milch

100 g Quark (Topfen)

4 EL Joghurt

1 Prise(n) Zimt

Zubereitung:

Apfel und Birne in ganz kleine Würfel schneiden. Dann gemeinsam mit den anderen Zutaten in den Mixer geben.

Man kann den Smoothie sofort servieren oder für kurze Zeit in den Kühlschrank stellen, damit er erfrischender ist.

LUFTIGER ANANAS-SMOOTHIE

Nährwerte pro Portion

kcal

290

Eiweiß

13,22 g

Fett

5,23 g

Kohlenhydr.

44,06 g

Zutaten:

200 g Ananas, frisch oder aus der Dose

500 ml Buttermilch

200 g Joghurt

2 EL Honig, oder Zucker

Zubereitung:

Ananas schälen und schneiden dann in einen Messbecher geben. Buttermilch, Joghurt, Zucker oder Honig dazugeben und alles mit einem Pürierstab gut durchmischen, in ein großes Glas füllen.

ERDBEER -ANANAS-SMOOTHIE

Nährwerte pro Portion

kcal

154

Eiweiß

2,13 g

Fett

0,73 g

Kohlenhydr.

31,93 g

Zutaten:

200 g Ananas

200 g Erdbeeren, TK

1 kleine Banane(n)

Zubereitung:

Die Ananas schälen und in Würfel schneiden. Die Banane in kleine Stücke schneiden. Dann alles zusammen in einen Mixer geben und pürieren.

Tipp:

Ich verwende am liebsten TK Erdbeeren da ich dann keine Eiswürfel zum Kühlen brauche.

ANANAS-ORANGE- KAROTTEN - SMOOTHIE

Nährwerte pro Portion

kcal

354

Eiweiß

4,09 g

Fett

1,90 g

Kohlenhydr.

71,49 g

Zutaten:

0,67 Ananas, ca. 800 g Fruchtfleisch

0,67 Orange(n), ca. 400 g

2 Karotte(n), ca. 175 g

1,33 TL, gehäuft Chiasamen

Zubereitung:

Die Orangen und Karotten waschen, schälen, in kleine Stücke schneiden und in den Mixer geben. Die Ananas schälen, den Strunk in der Mitte der Ananas entfernen, das Fruchtfleisch in kleine Stücke schneiden und zu den Orangen und Karotten geben.

20 - 30 Sekunden auf der höchsten Stufe pürieren. Danach die Chiasamen dazugeben und weitere 5 Sekunden mixen, sodass die Samen gut untergemischt sind.

ERDBEER – SMOOTHIE

Nährwerte pro Portion

kcal

171

Eiweiß

2,93 g

Fett

1,01 g

Kohlenhydr.

34,52 g

Zutaten:

175 g Erdbeeren, es gehen auch gefrorene

½ Banane(n)

250 ml Orangensaft

½ EL Honig (Waldhonig)

2 Erdbeeren für die Garnitur

Zubereitung:

Erdbeeren putzen, vierteln und auf einem Brettchen oder Gefriertablett einfrieren. Banane schälen. Mit Orangensaft, Honig und gefrorenen Erdbeeren glatt pürieren, in Gläser füllen, mit je einer Erdbeere garnieren und sofort servieren.

FRÜHSTÜCKS – SMOOTHIE

Nährwerte pro Portion

kcal

379

Eiweiß

12,10 g

Fett

9,30 g

Kohlenhydr.

59,52 g

Zutaten:

200 g Banane(n), gefroren

200 g Erdbeeren, gefroren

400 ml Milch

200 ml Wasser

54 g Haferflocken

4 TL Zucker

Zubereitung:

Alle Zutaten in den Mixer geben und 2 - 4 Minuten auf höchster Stufe mixen, bis keine Fruchtstückchen mehr zu sehen sind.

Ich friere mir mein Obst gerne portionsweise ein, so dass ich immer meine 200 g griffbereit habe. Das Obst zu frosten ist kein Muss, es kann genauso gut auch in frischer Form verwendet werden. Die Erdbeeren können durch beliebige andere Früchte ausgetauscht werden, z.B. Pfirsiche oder Himbeeren.

ANANAS-SMOOTHIE

Nährwerte pro Portion

kcal

290

Eiweiß

13,22 g

Fett

5,23 g

Kohlenhydr.

44,06 g

Zutaten:

200 g Ananas, frisch oder aus der Dose

500 ml Buttermilch

200 g Joghurt

2 EL Honig, oder Zucker

Zubereitung:

Ananas schälen und schneiden dann in einen Messbecher geben. Buttermilch, Joghurt, Zucker oder Honig dazugeben und alles mit einem Pürierstab gut durchmischen, in ein großes Glas füllen.

MANGO-MILCHSHAKE-SMOOTHIE

Nährwerte pro Portion

kcal

149

Eiweiß

5,70 g

Fett

2,87 g

Kohlenhydr.

24,08 g

Zutaten:

1 Mango(s)

300 ml Milch, fettarm

10 Eiswürfel

1 Pck. Vanillezucker

Zubereitung:

Mango schälen, Kern entfernen. Fruchtfleisch mit den anderen Zutaten in einen Mixer geben und alles zerkleinern.

Anschließend servieren.

ACAI-SMOOTHIE

Nährwerte pro Portion

kcal

350

Eiweiß

19,22 g

Fett

10,23 g

Kohlenhydr.

49,06 g

Zutaten:

2 Banane(n)

2 Handvoll Heidelbeeren

600 ml Mandelmilch (Mandeldrink)

10 Dattel(n)

4 TL, gehäuft Acaipulver

1 Orange(n), Saft davon

2 Handvoll Quinoaflocken

n. B. Wasser

Zubereitung:

Die Banane in Stücke schneiden und zusammen mit den Heidelbeeren und der Mandelmilch im Mixer zu einer schönen Masse vermischen. Nach und nach die restlichen Zutaten dazugeben. Bei Bedarf am Ende mit Wasser verdünnen.

ERDBEER-BANANEN MIT HAFERFLOCKEN UND JOGHURT

Nährwerte pro Portion

kcal

459

Eiweiß

15,11 g

Fett

11,36 g

Kohlenhydr.

70,44 g

Zutaten:

200 g Erdbeeren

2 Banane(n)

4 EL Haferflocken, fein

400 g Naturjoghurt, fettarm

100 ml Milch

2 TL Honig

Zubereitung:

Banane schälen und klein schneiden. Die Erdbeeren mit den Bananenstücken in den Mixer geben und pürieren. Haferflocken, Naturjoghurt und Milch dazugeben. Zuletzt den Honig unterrühren und alles gut durchmixen.

Nachtisch- Smoothies

MANGO-MARACUJA-MASCARPONE-DESSERT

Zutaten:

½ Mango(s), reif
1 Maracuja(s), reif oder 4 TL Maracujasaft
½ Pck. Mascarpone à 250 g
2 TL Orangensaft
½ Pkt. Vanillezucker
½ TL Zucker oder Agavendicksaft, Xylit oder ähnliches

Zubereitung:

Den Orangensaft als Eiswürfel einfrieren und über Nacht gefrieren. Es geht selbstverständlich auch ohne, aber das gefrorene Eis macht das Dessert sofort schön kalt und es kann dann gleich gegessen werden. Alternativ den Orangensaft weglassen und den Nachtisch dann noch 2 Stunden kaltstellen.

Mango schälen und in grobe Stücke schneiden. Wer mag, behält ein paar kleine Mangostückchen zur Deko übrig. Die Maracujas öffnen, und das Fruchtfleisch auffangen. Die Kerne müssen nicht entfernt werden, da sie im Mixer püriert werden. Wer jedoch den leicht nussigen Geschmack der Kerne umgehen möchte, streicht den

Saft durch ein Sieb oder nimmt gleich Saft aus dem Supermarkt.

Mascarpone, die Mangostücke, den Maracujasaft, Vanillezucker und Zucker(ersatz) nach Belieben zusammen mit den Orangensaft-Eiswürfeln in den Smoothie-Mixer geben und alles zusammen 30 - 40 Sekunden pürieren. Danach in Portionsschälchen verteilen und evtl. kleine Mango-Stückchen als Deko drauflegen. Wer möchte, kann auch noch Vanillesauce dazu geben.

Achtung: wer nur kleine 0,5 Liter Gefäße für seinen Smoothie-Mixer hat, muss die ganze Masse evtl. in zwei Mix-Vorgängen mixen. Die Zutaten dann entsprechend einfach halbieren und zwei Mal pürieren.

SOMMER-SMOOTHIE DESSERT

Zutaten:

½ Limette(n)

1 Handvoll Himbeeren

1 Orange(n)

1 Pfirsich(e)

1 Banane(n)

100 ml Sahne

1 Pck. Vanillezucker

1 TL Honig

Zubereitung:

Die Orange und die halbe Limette auspressen und den in eine Schüssel geben. Die Himbeeren und den Pfirsich waschen und zusammen mit der Banane klein schneiden. Ebenfalls in die Schüssel geben.

Den Teelöffel Honig dazugeben und danach wird das Ganze püriert. Die Sahne mit dem Vanillezucker steif schlagen. Die Sahne und den Smoothie schichtweise in Dessertbecher oder Glasschälchen geben. Nach Belieben verzieren und kaltstellen.

SCHOKO-ERDNUSS-SMOOTHIE-BOWL

Zutaten:

4 Banane(n), geschält, tiefgefroren

2 Tasse Milch

6 TL Erdnussbutter

4 TL Kakaopulver

2 TL Chiasamen

etwas Vanilleextrakt

Zubereitung:

Die geschälten, gefrorenen Bananen mit den restlichen Zutaten in einem Mixer gut verblenden.

Den Smoothie-Mix in eine Schüssel geben und nach Belieben mit Bananenscheiben, Schokoraspel, Kakaopulver oder gehackten Nüssen garnieren.

BRATAPFEL –SMOOTHIE

Zutaten:

2 Äpfel, z. B. Boskoop

2 EL Honig

1 ½ EL Haselnüsse, gemahlen

1 EL Rosinen

¼ TL Zimt

½ EL Butter

1 EL Zitronensaft, frisch gepresst

3 EL Rum, brauner oder Calvados

0,38 Liter Milch

2 Kugeln Eis (Vanilleeis)

Honig

Fett für die Form

Zubereitung:

Äpfel waschen und entkernen. Honig, Haselnüsse, Rosinen, Zimt und Butter vermischen und in die Äpfel verteilen. Ich erwärme die Masse kurz in der Mikrowelle, dann lässt sie sich leichter vermischen.

In einer gefetteten Form (oder die Äpfel einfach mit Alufolie umwickeln und ohne Fett in die Form legen) ca. 40 – 60 Minuten bei 160 Grad (Heißluft) backen.

Die Äpfel herausnehmen, in ein hohes Gefäß geben, Zitronensaft und Rum darüber gießen. Die Milch erhitzen und zu den Bratäpfeln geben.

Alles mit einem Pürierstab schaumig mixen und auf 4 Gläser verteilen. Je eine Kugel Vanilleeis hineingeben und nach Belieben Honig darüber träufeln.

SMOOTHIE MIT QUARK -SAHNE – CREME

Zutaten:

0,4 Port. Früchte (Smoothie Heidelbeer-Banane)

1,2 EL Rohrzucker

1,6 TL Puddingpulver, Vanille

80 ml Sahne

60 g Naturjoghurt

100 g Quark, 30 %

60 g Heidelbeeren

Zubereitung:

Den Smoothie mit 2 EL Rohrzucker und 4 TL Vanillepuddingpulver mischen. Kurz aufkochen, dann abkühlen lassen. Für die Creme Sahne steif schlagen. Joghurt, 1 EL Rohrzucker und Quark verrühren und unter die Sahne heben. In einem hohen Glas abwechselnd Creme, Smoothie-Soße und Beeren schichten. Mit Beeren abschließen und gut gekühlt servieren.

GESUNDER SCHOKOLADIGER SMOOTHIE

Zutaten:

300 ml Milch, Kuhmilch, Sojamilch, Mandelmilch oder ähnliches, je nach Ernährungsform

40 g Haferflocken, zarte

2 EL Kakaopulver, ungesüßt

2 Banane(n)

10 Erdbeeren (TK)

etwas Joghurt

n. B. Honig oder Stevia oder Datteln zum Süßen

Zubereitung:

Alle Zutaten in einen guten Mixer füllen und kräftig mixen. In ein großes Latte-Macchiatoglas füllen und langsam genießen. Falls frische Erdbeeren benutzt werden, kann man ein paar Eiswürfel hinzufügen.

Schmeckt auch super ohne die Haferflocken für den Schoko-Appetit am Nachmittag.

BANANEN - SCHOKO – SMOOTHIE

Zutaten:

1 m.-großeBanane(n)

600 ml Milch, kalte

2 EL Kakaopulver

4 EL Haferflocken, (Instant-Haferflocken)

Zubereitung:

Die Banane in kleine Stücke schneiden, Milch dazu geben und die Bananen mit dem Mixstab pürieren. Anschließend Kakao und Instantflocken dazu geben und nochmals kurz mixen.

SCHOKO – SMOOTHIE

Zutaten:

3 EL Creme (Nuss - Nougat-)

½ EL Honig

1 EL Zucker, feiner

300 ml Milch

50 g Schlagsahne

etwas Sirup, (Karamellsirup)

Zubereitung:

Nuss-Nougat-Creme, Honig, Zucker und 600 ml Milch mixen. Sahne steif schlagen und unterheben. In Gläser füllen. Den Smoothie mit Karamellsirup toppen.

SCHOKO-HIMBEER-SMOOTHIE

Zutaten:

250 g Himbeeren, frisch oder TK

2 EL Puderzucker

250 ml Milch

1 Kugel Eiscreme (Schokoladeneis), alternativ etwas Schokoladenmilch

2 EL Kakaopulver

Zubereitung:

Die Himbeeren putzen und zusammen mit dem Puderzucker, der Milch, dem Eis und dem Kakaopulver in einen Mixer geben und mixen.

Sofort genießen!

Je nach gewünschter Konsistenz kann noch etwas Milch hinzugegeben werden.

WHITE CHOCOLATE SMOOTHIE

Zutaten:

1 Banane(n)

1 Rippe/n Schokolade, weiße

100 ml Kokoswasser

200 ml Apfelsaft, naturtrüb

20 Mandeln, gehackt oder Cashewnüsse

60 ml Vanillesauce oder 0,5. Pck. Vanillezucker mit 60 ml Milch vermischt

3 EL Püree (Erdbeerpüree)

Zubereitung:

Alle Zutaten in einen Mixer geben und pürieren. Wer keine Vanillesauce hat, kann ein halbes Tütchen Vanillezucker mit 60 ml Milch vermischen.

ERDNUSSBUTTER-ESPRESSO-SMOOTHIE

Zutaten:

2 Banane(n), gefrorene

60 g Erdnussmus

2 TL Espressopulver, lösliches

2 EL Ahornsirup

600 ml Mandelmilch (Mandeldrink)

Zubereitung:

Alle Zutaten in einen Mixer geben und einen Smoothie herstellen. In zwei hohe Gläser füllen und genießen.

Zusatz: Wer keine gefrorenen Bananen verwenden mag, gibt in die Gläser einige Eiswürfel.

BLAUBEER-MUFFIN-SMOOTHIE

Zutaten:

250 ml Mandelmilch (Mandeldrink) oder Sojamilch, Kokosmilch, etc.

100 g Joghurt, griechischer

100 g Vanillejoghurt

150 g Blaubeeren, TK

1 Banane(n), in Stücke geschnitten, gefroren

2 EL Haferflocken

1 TL Zitronenschale, gerieben

4 Eiswürfel

Zubereitung:

Alle Zutaten in einen Mixer geben und pürieren.

APFEL-BIRNEN-QUARK-SMOOTHIE

Nährwerte pro Portion

kcal

232

Eiweiß

12,02 g

Fett

8,08 g

Kohlenhydr.

28,76 g

Zutaten:

1 Apfel

1 Birne(n)

170 ml Milch

100 g Quark (Topfen)

4 EL Joghurt

1 Prise(n) Zimt

Zubereitung:

Apfel und Birne in ganz kleine Würfel schneiden. Dann gemeinsam mit den anderen Zutaten in den Mixer geben. Man kann den Smoothie sofort servieren oder für kurze Zeit in den Kühlschrank stellen, damit er erfrischender ist.

ANANAS-BANANEN-ORANGEN-SMOOTHIE

Nährwerte pro Portion

kcal

400

Eiweiß

7,30 g

Fett

4,01 g

Kohlenhydr.

74,46 g

Zutaten:

300 g Ananas

2 Orange(n)

2 Banane(n)

1 Limette(n)

4 EL Joghurt

Zubereitung:

Die Ananas schälen und in Stücke schneiden. Die Orange und die Limette auspressen. Nun Ananas, Banane, Orangen- und Limettensaft in den Mixer geben. Später den Joghurt hinzugeben und erneut mixen. Kaltstellen oder mit Eiswürfel trinken.

Rohkost- Smoothie

QUER DURCH DEN GARTEN-SMOOTHIE

Nährwerte pro Portion

kcal

120

Eiweiß

1,85 g

Fett

2,95 g

Kohlenhydr.

21,77 g

Zutaten:

1 große Möhre(n)

½ Stück(e) Kürbis(se), Größe ca. wie die Möhre

½ Knolle/n Rote Bete, frisch oder vorgekocht

¼ Gurke(n)

1 Äpfel

¼ Mango(s), ohne Kern und Schale

¼ Zitrone(n), unbehandelt

½ Ingwerwurzel, ca. daumengroß

n. B. Wasser, kalt

n. B. Pflanzenöl

Zubereitung:

Gurke, Möhre, rote Bete und Ingwer schälen, waschen und in Stücke schneiden. Kürbis schälen, waschen und in Stücke schneiden. Äpfel waschen, ggf. Kerngehäuse entfernen und in Stücke schneiden. Zitrone heiß abwaschen, Schale mit Sparschäler abschälen und Zitronenhälfte auspressen.

Alle Zutaten in den Mixer geben und pürieren. Nach Belieben kaltes Wasser zufügen.

Wenn gewünscht, kann noch hochwertiges Pflanzenöl (z.B. Leinöl, Rapsöl, Walnusöl) verwendet werden.

ROTE BETE-SMOOTHIE

Zutaten:

2 Knolle/n Rote Bete, roh, geschält, halbiert

2 Karotte(n), geputzt, halbiert

2 Orange(n), geschält, halbiert

2 TL Mus (Mandelmus)

n. B. Wasser

Zubereitung:

Die Orange, die Karotte, die Rote Bete, Mandelmus und Wasser in den Blender geben und mixen.

Die gesamte Menge hat ca. 150 kcal.

RHABARBER-ERDBEER-SMOOTHIE

Zutaten:

2 Stange/n Rhabarber

1 Banane(n)

200 g Erdbeeren

1 EL Haferflocken

1 EL Nüsse, gemahlen

Zubereitung:

Den Rhabarber waschen, putzen und in Stücke schneiden. Die Banane schälen und in Stücke brechen. Die Erdbeeren waschen und putzen und kleine Stücke schneiden.

Sämtliche Zutaten in den Mixer geben und kurz zerkleinern und anschließend 1 Minute auf höchster Stufe pürieren.

Tipp: Rhabarber enthält viel Vitamin C und Kalium. Zusätzlich auch noch Eisen und Phosphor.

WILDKRÄUTER-SMOOTHIE

Zutaten:

4 Blätter Mangold

n. B. Borretsch, mehrere Blätter

10 Blätter Rettich(e), schwarzer

4 Blätter Sauerampfer

2 Blatt Meerrettich

2 Handvoll Brennnesseln (Blätter)

2 Handvoll Spitzwegerich (Blätter)

10 Blätter Löwenzahn, große

2 Handvoll Schafgarbe (Blätter und Blüten)

n. B. Taubnessel (Blätter, verschiedene)

10 Blätter Gänsefuß - Gewächs Guter Heinrich

n. B. Gundermann (Blätter)

8 Blätter Kapuzinerkresse

400 ml Joghurt

n. B. Salz und Pfeffer

Zubereitung:

Alle Blätter und Kräuter waschen und klein schneiden, dann mit dem Mixer pürieren und den Joghurt untermixen. In Glas abfüllen und trinken. Mit einer Blüte der Saison dekorieren.

Wer will, kann vorher die groben Blätter blanchieren.

INGWER-MARACUJA-SMOOTHIE

Zutaten:

½ Liter Maracujasaft

1 Zitrone(n)

1 TL, gehäuft Honig

1 EL Ingwer, frischer, gerieben

1 Banane(n)

½ Apfel

Zubereitung:

Die Zitrone auspressen.

Den Apfel und die Banane klein schneiden. Die Früchte mit Maracujasaft, Zitronensaft, Honig und Ingwer vermischen, alles mit dem Mixstab pürieren und auf zwei Gläser verteilen.

Der scharfe und würzige Ingwer gibt dem Smoothie den gewissen Kick.

GRÜNKOHL-FELDSALAT-GURKE-MÖHREN-ORANGEN-SMOOTHIE MIT INGWER UND MINZE

Zutaten:

½ Tasse Grünkohl, TK
2 Handvoll Feldsalat
½ Gurke(n)
1 Möhre(n)
2 Orange(n)
1 Stück(e) Ingwer, ein kleines Stück
5 Blätter Minze
1 EL Leinöl
n. B. Wasser, kalt

Zubereitung:

Die Gurke schälen und in Stücke schneiden. Die Orangen schälen und vierteln. Beides in den Mixer geben und pürieren. Den Feldsalat waschen, verlesen und mit dem TK-Grünkohl in den Mixer geben. Die Möhre und den Ingwer schälen und in Stücke schneiden. Zusammen mit den Minzblättern und dem Leinöl im Mixer fein pürieren. Nach Bedarf kaltes Wasser dazugeben.

GRÜNER SMOOTHIE MIT GURKE, SPINAT UND APFEL

Nährwerte pro Portion

kcal

132

Eiweiß

1,85 g

Fett

0,47 g

Kohlenhydr.

29,76 g

Zutaten:

300 g Salatgurke(n), Bio

2 Handvoll Babyspinat

1 Apfel, grünschalig

300 ml Apfelsaft

etwas Ingwer, geschält, gerieben

etwas Zitronensaft

Zubereitung:

Gemüse und Obst waschen. Gurke und Apfel (ohne Kerngehäuse) in Stücke schneiden, zusammen mit Spinat, Ingwer und Apfelsaft im Mixer pürieren. Mit Zitronensaft abschmecken.

Eis Smoothies

HONIG-EIS-SMOOTHIE

Zutaten:

200 g Honigmelone(n)

250 ml Milch, 1,5 % Fett

150 g Naturjoghurt

1 EL Honig

2 Kugel Vanilleeis

Zubereitung:

Die Milch und der Joghurt sollten gut gekühlt sein. Beides mit dem Melonenfruchtfleisch und dem Honig in den Standmixer geben und gründlich durchmixen.

Das Vanilleeis hinzufügen und kurz auf höchster Stufe pürieren.

Anschließend in zwei große Gläser füllen, mit den Melonenscheiben garnieren und sofort servieren.

SOMMERNACHTS – SMOOTHIE

Zutaten:

1 Maracuja(s) (Passionsfrüchte), reife

120 g Erdbeeren

120 g Himbeeren

60 g Beeren (Blaubeeren)

150 ml Milch, fettarme

2 Kugel/n Eis (Vanille-Erdbeere) zum Servieren

Zubereitung:

Die Passionsfrüchte halbieren und das Fruchtfleisch in einen Mixer oder eine Küchenmaschine löffeln. Die Beeren putzen, hinzugeben und ca. 1 Min pürieren. Die Milch zugießen und nun cremig mixen.

Auf 2 Gläser verteilen und jeweils eine Kugel Eis darauf geben. Sofort servieren.

BANANE-APFEL SMOOTHIE MIT VANILLEEIS

Zutaten:

2 Banane(n)

1 Apfel

2 EL Eis (Vanille-)

2 Schuss Schlagsahne

2 Schuss Milch

n. B. Apfelsaft

2 Handvoll Eis (Crushed Ice)

Zubereitung:

Die Banane und den Apfel in Stückchen schneiden und in den Mixer geben. Bis knapp über den Früchten mit Apfelsaft auffüllen, Vanilleeis und zerstoßenes Eis, Milch und Schlagsahne dazugeben und alles bis zur gewünschten Konsistenz mixen.

ERDNUSSBUTTER SMOOTHIE

Nährwerte pro Portion

kcal

624

Eiweiß

46,40 g

Fett

41,76 g

Kohlenhydr.

14,32 g

Zutaten:

180 g	Eis, Vanille-
60 ml	Milch, Vollmilch
2 EL	Erdnussbutter, cremig

Zubereitung:

Das etwas angetaute Vanilleeis in einen höheren Rührbecher geben. Die Milch und Erdnussbutter dazu geben und mit einem Pürierstab pürieren. In ein Glas füllen und es sich schmecken lassen.

Dies ist ein etwas dicklicher Smoothie und ist für eine Portion.

WASSERMELONEN – SMOOTHIE

Nährwerte pro Portion

kcal

137

Eiweiß

8,15 g

Fett

5,87 g

Kohlenhydr.

12,24 g

Zutaten:

300 g Melone(n) (Wassermelone), gestückelt und entkernt

125 ml Milch

62 ½ g Joghurt

½ EL Puderzucker

1 Kugel/n Eis, Vanille

Zubereitung:

Melone, Joghurt, Milch und Zucker im Mixer glatt pürieren.

Eiscreme zugeben und ein paar Sekunden mixen, bis der Shake schaumig ist.

ITALIALADYS APRIKOSEN – SMOOTHIE

Zutaten:

300 g Aprikose(n)

1 Banane(n)

1 Birne(n)

1 EL Honig

Eis, gestoßenes (crushed ice)

n. B. Mineralwasser oder Aprikosensaft

Zubereitung:

Die Aprikosen häuten, indem man sie mit heißem Wasser übergießt, etwas wartet, dann abschreckt und die Haut abzieht. Danach halbieren und die Steine entfernen. Die Birne waschen und das Kerngehäuse herausschneiden. Die Schale kann man dran lassen, man sie aber auch schälen.

Beides mit der geschälten Banane und dem Honig pürieren. Nun das Crushed Ice und, wenn man den Smoothie etwas verdünnen möchte, etwas Mineralwasser oder Aprikosensaft hinzufügen und nochmals kurz durchmixen.

CHOCOLATE - BANANA – SMOOTHIE

Zutaten:

1 Banane(n)

¼ Liter Milch

2 Kugel/n Eis (Schokoladen-)

2 Stängel Minze

Zubereitung:

Die Bananen schälen und klein schneiden. Mit Milch und Schokoladeneis in einen Mixbecher geben und aufmixen. In vier Gläser gießen und mit je einem Minzestängel dekorieren.

FROZEN SMOOTHIE

Zutaten:

2 Nektarine(n), vollreif

1 Banane(n), vollreif

10 Erdbeeren

50 ml Apfelsaft

4 Handvoll Eis (Crushed Ice)

n. B. Zucker, braun oder weiß

n. B. Minze, frische

Zubereitung:

Die Nektarinen waschen und entsteinen. Die Banane schälen, die Erdbeeren putzen und waschen.

Das Obst in grobe Stücke schneiden und mit dem Eis und dem Apfelsaft in einen Mixer geben. So lange mixen, bis eine dickflüssige, cremige Masse entstanden ist. Wenn gewünscht, mit Zucker abschmecken oder unter die Masse noch einige Blättchen frische Minze mixen.

In hohen Gläsern mit einem Strohhalm anrichten - perfekt zur leichten und vitaminreichen Erfrischung für die warmen Sommertage.

ERDBEER - HIMBEER FROZEN SMOOTHIE

Zutaten:

60 g Himbeeren, TK

60 g Erdbeeren, TK

10 Würfel Eis

Maracujasaft

Mineralwasser

Süßstoff, flüssig

Zubereitung:

Für dieses Rezept wird ein Standmixer benötigt.

Alle Zutaten in den Mixer geben, mit Maracujasaft und Wasser auffüllen und auf niedrigster Stufe so lange mixen, bis ein cremiger Brei entsteht. Zwei Spritzer Süßstoff dazugeben und nochmals mixen. Dann in einen großen Becher geben.

Das ideale Getränk für den heißen Sommer, gesund, frisch und lecker.

Milchfreie Smoothies

BIRNE-MANDARINE-GOJI-SMOOTHIE

Zutaten:

200 g Birne(n)
100 g Mandarine(n)
80 g Mandarinensaft
2 EL Gojibeeren
n. B. Agavendicksaft

Zubereitung:

Die Birne waschen und evtl schälen, das Kernhaus entfernen und klein schneiden. Die Mandarinen schälen und zerkleinern.

Birnen, Mandarinen, Saft und die Gojibeeren mixen und mit Agavendicksaft abschmecken. In Gläser füllen und servieren.

SHARONFRUCHT-BANANEN-SMOOTHIE

Zutaten:

1 Sharonfrucht oder Kaki, reif

1 kleine Banane(n), reif

1 TL, gestr. Waldhonig

160 g Kokosjoghurt (Joghurtalternative)

120 ml Orangensaft

100 ml Haferdrink oder Mandeldrink

0,33 TL Zimt

¼ TL Kurkuma

Zubereitung:

Die Banane schälen, in Stücke schneiden. Die Sharonfrucht waschen, die Blüte entfernen und die Frucht mit Schale in Stücke schneiden. Wer Kaki verwendet, sollte die Frucht evtl. schälen, da Kakischalen eher bitter sind. Alle Zutaten in einen Mixer geben und ca. 1 Minute auf höchster Stufe mixen. Wem es zu dickflüssig ist, der kann noch etwas Pflanzenmilch dazugeben.

Das Rezept ergibt 2 kleine Gläser. Veganer sollten statt Honig ein entsprechendes Süßungsmittel verwenden.

VEGANER MANGO-SPINAT-KOKOS-SMOOTHIE

Zutaten:

150 g Mango(s) (frisches Mango-Fruchtfleisch)

30 g Spinat (Babyspinat, Bio)

½ Banane(n)

150 ml Kokosmilch

100 ml Kokoswasser, evtl. mehr

100 ml Orangensaft

Zubereitung:

Mangofruchtfleisch grob würfeln. Spinat verlesen, waschen, gut abtropfen lassen. Beides zusammen mit Banane, Kokosmilch, Kokoswasser und Orangensaft im Mixer pürieren.

Gekühlt servieren.

MATCHA-GOJI-ORANGEN-SMOOTHIE

Zutaten:

500 ml Orangensaft aus frischen Orangen, mit Fruchtfleisch, oder hochwertiges Fertigprodukt mit Fruchtfleisch

2 EL Gojibeeren

2 TL Matcha Tee

1 Spritzer Zitronensaft

n. B. Agavendicksaft

Zubereitung:

Den frischen Orangensaft mit den Gojibeeren, dem Matcha Tee und dem Zitronensaft mixen. Mit Agavendicksaft abschmecken. In Gläser füllen und servieren.

KIRSCH-SMOOTHIE MIT KOKOSSIRUP

Zutaten:

600 g Sauerkirschen

4 EL Kokossirup

1 Limette(n)

Zubereitung:

Die Kirschen entsteinen und für ca. 1/2 Stunde ins Gefrierfach legen.

Anschließend alle Zutaten im Smoothiemaker mixen und eiskalt genießen.

VEGANER MANDELMILCH-BANANEN-SMOOTHIE

Zutaten:

300 ml Mandelmilch (Mandeldrink), ungesüßt

1 Orange(n), der Saft davon

2 Banane(n), klein

etwas Zimt

etwas Vanillemark

evtl. Agavendicksaft

1 TL, gehäuft Mandelblättchen, geröstet

Zubereitung:

In Stücke geschnittene Bananen mit Mandelmilch und Orangensaft im Mixer pürieren. Abschmecken mit Zimt und Vanillemark, evtl. mit Agavendicksaft süßen. Mit Mandelblättchen garniert servieren.

VEGANER ERDBEER-KIWI-SMOOTHIE MIT BANANE

Zutaten:

200 g Erdbeeren, frische

2 Kiwi(s), reife

2 Banane(n), reife

600 ml Pflanzendrink, z. B. Mandel-, Hafer- oder Reisdrink

evtl. Süßungsmittel nach Wahl

Zubereitung:

Die Erdbeeren kurz abbrausen, das Grün entfernen und die Beeren evtl. klein schneiden. Die Kiwi und die Banane schälen und in Stücke schneiden. Die Früchte in einen Mixer geben und den ausgewählten Pflanzendrink dazugießen. Die Zutaten kurz mixen bis alles fein püriert ist. Wer es noch braucht, kann noch etwas Süßungsmittel nach Wahl dazugeben.

KIWI-BANANEN SMOOTHIE MIT RADIESCHENGRÜN

Nährwerte pro Portion

kcal

313

Eiweiß

4,67 g

Fett

4,23 g

Kohlenhydr.

58,75 g

Zutaten:

120 g Radieschen - Grün (Menge von 1 Bund)

2 m.-großeBanane(n), reif

2 m.-großeKiwi(s), reif

300 ml Orangensaft, frisch gepresst oder Bio-

2 EL Zitronensaft, frisch gepresst

100 ml Mineralwasser, stilles oder Leitungswasser

2 TL Öl (Leinöl)

Zubereitung:

Das Radieschengrün verlesen, gründlich waschen und trockenschütteln. Die Banane und die Kiwi schälen und grob in Stücke schneiden. Beides zusammen mit dem

Zitronensaft im Mixer pürieren.

Das Radieschengrün hacken, ebenfalls in den Mixer geben und nochmals pürieren. Zuletzt das Wasser, den Orangensaft und das Leinöl hinzugeben und alles zu einem cremigen Smoothie mixen. Den Smoothie in ein hohes Glas gießen und frisch genießen.

Bei den Radieschenblättern bitte nur die frischen, prallen, grünen Blätter verwenden. Zudem sollte man am besten ungespritzte Radieschen aus dem eigenen Garten oder das Grün von Bio-Radieschen verwenden.

Radieschen sind sehr gesund und enthalten unter anderem Senföl, welches für den leicht scharfen Geschmack der Radieschen verantwortlich ist und antibakteriell wirkt. Dem Radieschengrün wird nachgesagt noch nährstoffreicher als die Radieschen an sich zu sein und sollte daher nicht einfach weggeworfen werden.

KAFFEE-SMOOTHIE MIT BANANE UND KOKOSMILCH

Zutaten:

240 ml Kaffee. kalter

120 ml Kokosmilch, cremig, dickflüssig

2 Banane(n)

etwas Vanilleextrakt

evtl. Agavendicksaft

evtl. Kokoschips, zum Garnieren

Zubereitung:

Die geschälte Banane in Stücke schneiden und mit Kaffee und Kokosmilch im Mixer pürieren. Mit Vanilleextrakt und evtl. Agavendicksaft abschmecken und mit Kokoschips garnieren.

MANGO-ORANGEN-BANANEN SMOOTHIE MIT LIMETTE

Nährwerte pro Portion

kcal

150

Eiweiß

1,76 g

Fett

1,03 g

Kohlenhydr.

30,82 g

Zutaten:

0,67 Mango(s)

0,67 Banane(n)

0,67 Limette(n), davon der Saft

etwas Honig

133 ml Orangensaft

1,33 EL Kirschsaft

1,33 EL Apfelsaft

Zubereitung:

Die Zutaten schälen und klein schneiden, dann mit dem Honig in den Mixer geben. Die Säfte hinzufügen, die Limette halbieren und auspressen, danach alles pürieren.

Ausgefallene Smoothies

BANANEN-NEKTARINEN-HIMBEER SMOOTHIE

Nährwerte pro Portion

kcal

160

Eiweiß

3,67 g

Fett

2,09 g

Kohlenhydr.

30,14 g

Zutaten:

1 Banane(n)

1 Nektarine(n)

1 Handvoll Himbeeren, gefroren

etwas Milch

Zubereitung:

Banane in kleine Stücke schneiden, Nektarine schälen, Stein entfernen und auch in Stücke schneiden, gefrorene Himbeeren ein bisschen auftauen lassen. Alle Früchte und die Milch in einen Smoothiemaker oder ähnliches geben. Die Menge der Milch entscheide ich immer nach der Konsistenz die ich haben möchte. Alles ordentlich durchmixen und dann in Gläsern servieren.

GRÜNER SPINAT-PFIRSICH-SMOOTHIE

Nährwerte pro Portion

kcal

53

Eiweiß

2,18 g

Fett

0,35 g

Kohlenhydr.

9,61 g

Zutaten:

83,3 g Blattspinat, frisch

200 g Pfirsich(e)

117 g Salatgurke(n)

66,7 mlMineralwasser, still (alternativ Leitungswasser)

1,33 EL Zitronensaft, frisch gepresst

0,67 Msp. Vanille, gemahlene echte

Zubereitung:

Obst und Gemüse gut waschen, abtrocknen und grob zerkleinern. Zusammen mit den anderen Zutaten im Mixer zu einem cremigen Smoothie mixen und am besten sofort genießen.

Wenn man nicht alles sofort verbraucht, kann man den Rest sehr gut für max. 24 Stunden in der braunen Glasflasche im Kühlschrank aufbewahren.

Die angegebenen Mengen reichen für ca. 3/4 Liter frischen Smoothie.

Der Smoothie hat einen sehr milden und nur wenig süßen Geschmack. Wer es gerne süßer mag, kann mit etwas reifer Banane, getrockneten Datteln oder Agavendicksaft nachsüßen.

TROPISCHER GREEN SMOOTHIE

Nährwerte pro Portion

Kcal

370

Kohlenhydrate

75 g

Fett

3.1 g

Eiweiß

3.8 g

Zutaten:

150 g junger Blattspinat

200 ml Kokoswasser

½ reife Ananas

1 Mango

½ Kiwi

2 Datteln oder 1 TL Agavendicksaft

Zubereitung:

Spinat waschen und schlechte Blätter aussortieren. Mango schälen, Fruchtfleisch vom Kern schneiden und in Würfel schneiden. Ananas halbieren, schälen und ebenfalls würfeln. Kiwi halbieren und Fruchtfleisch auslöffeln.Obst, Spinat und Kokoswasser im Mixer pürieren. Je nach gewünschter Konsistenz mehr Kokos- oder normales Wasser hinzufügen.Wenn Ihnen ein wenig die Süße fehlt, können Sie noch 2 Datteln oder alternativ 1 TL Agavendicksaft hinzumischen.

VITAMIN C SMOOTHIE

Nährwerte pro Portion

Kcal

152,

Kohlenhydrate

30 g

Fett

0.6 g

Eiweiß

2.6 g

Zutaten:

1 große Karotte

1 Tasse Mandelmilch

1 TL frischer Ingwer

½ TL Zimt

1 Prise Kurkuma

1 Orange oder eine große Mandarine

Zubereitung:

Die Orange oder große Mandarine schälen und klein schneiden, die Karotte in kleine Stücke oder in dünne Scheiben schneiden.

Alle Zutaten in den Mixer geben und für 1-2 Minuten pürieren. Je nach gewünschter Konsistenz noch mehr Mandelmilch hinzufügen.

PFLAUMEN SMOOTHIE MIT GRÜNEM TEE

Nährwerte pro Portion

kcal

315

Kohlenhydrate

51 g

Fett

6.6 g

Eiweiß

9g

Zutaten:

250 g Pflaumen

2 EL Agavendicksaft oder Honig

200 ml grüner Tee

120 g Feldsalat

250 ml Soja- oder Kuhmilch

1 Prise Muskatnuss

Zubereitung:

Pflaumen waschen, halbieren und Steine entfernen. Feldsalat waschen, schlechte Blätter aussortieren und Blätter voneinander trennen. Grünen Tee kochen und dann abkühlen lassen.

Pflaumen mit einer Prise frisch geriebener Muskatnuss und Agavensirup oder Honig in den Mixer füllen und kurz pürieren. Feldsalat dazugeben, grünen Tee und Milch hinzufügen und alles gemeinsam pürieren, bis eine cremige Konsistenz erreicht ist.

EXOTISCHER SMOOTHIE

Zutaten:

½ Mango(s)

½ Papaya

½ Aprikose(n)

½ Kiwi(s)

½ Banane(n)

20 g Walnüsse

200 ml Orangensaft

2 TL Honig

Zubereitung:

Alle Früchte schälen. Die Mango und die Aprikose entsteinen. Die Papaya entkernen. Das Fruchtfleisch aller Früchte grob würfeln. Die Walnusskerne grob hacken.

Alles mit dem Orangensaft glatt pürieren. Dann mit dem Honig abschmecken und nochmals kurz pürieren.

Den Smoothie in 4 Gläser füllen und sofort servieren.

Wer mag, kann die Gläser dekorieren, z.B. mit Zuckerrand oder Früchten. Einige Eiswürfel mitpürieren, dann wird es noch schön gekühlt. Statt Walnüssen können auch andere Nusssorten verwendet werden.

HEIßER ROTER SMOOTHIE GEGEN ERKÄLTUNGEN

Nährwerte pro Portion

kcal

167

Kohlenhydrate

25 g

Fett

1.7 g

Eiweiß

7.4 g

Zutaten:

1 rote Paprika

60 g Rote Bete

2 Stiele Petersilie

150 g Kirschtomaten

1 TL Zitronensaft

100 ml heißes Wasser

½ TL Cayennepfeffer

Zubereitung:

Tomaten und Paprika waschen und in Stücke schneiden. Rote Bete gegebenenfalls vorgaren. Rote Beete schälen und zerkleinern. Staudensellerie waschen und komplett zerkleinern. Petersilie waschen und mit den Stielen klein hacken. Gemüse und Petersilie in den Mixer geben. Zitronensaft und heißes Wasser hinzugeben, dann Pfeffer und Zitronensaft dazugeben. So lange mixen, bis eine cremige Konsistenz erreicht ist.

KRÄFTIGER INGWER SHOT

Nährwerte pro Portion

kcal

262

Kohlenhydrate

50.8 g

Fett

1.8 g

Eiweiß

5.3 g

Zutaten:

1 Zitrone

15-20g Ingwer

3 Orangen

1 TL Kurkuma

1 TL Honig

Zubereitung:

Orange und Zitrone schneiden, Saft auspressen. Ingwer schälen und klein hacken, bei Bio Ingwer die Schale dran lassen. Orangen- und Zitronensaft, Ingwer und 100ml Wasser in einem Mixer oder mit einem Pürierstab mixen, Honig und Kurkuma hinzufügen. Eine Prise Pfeffer hinzufügen. Shot in eine Glasflasche füllen, im Kühlschrank aufbewahren und innerhalb von 4 Tagen aufbrauchen.

TRAUBEN-BEEREN SMOOTHIE

Nährwerte pro Portion

kcal

150

Kohlenhydrate

32 g

Fett

2.4 g

Eiweiß

5.3 g

Zutaten:

4 Tasse/n Weintrauben, rot

2 Birne(n), entkernt

2 Tasse/n Heidelbeeren, frisch oder gefroren

2 Cocktailtomaten, optional

4 Tasse/n Spinat, frisch oder TK

2 Karotte(n)

300 ml Wasser

Zubereitung:

TK-Zutaten im Kühlschrank auftauen lassen. Alle Zutaten klein schneiden und in den Standmixer geben und zerkleinern. Wasser zugeben und nochmals durchlaufen lassen. Bei Bedarf etwas Eiswürfel dazugeben.

Direkt nach der Zubereitung trinken!

POWER-SMOOTHIE MIT FRÜCHTEN, INGWER UND CHILI

Zutaten:

0,67 Apfel

200 g Früchte, gemischte, z.B. Johannisbeeren, schwarze, Ananas, Papaya, Mango, Sauerkirschen oder TK Mischung

66,7 g Himbeeren

3,33 Blätter Basilikum

3,33 Blätter Minze

3,33 Blätter Blattpetersilie

0,67 kl. Stück(e) Ingwer, nach Geschmack

0,67 kleine Chilischote(n), nach Geschmack

0,67 Glas Tomatensaft, ca. 200 ml

0,67 EL Rapsöl

0,67 EL Leinsamenschrot

Zubereitung:

Den Apfel entkernen und in Stücke schneiden. Frisches Obst waschen, entsteinen und in kleine Stücke schneiden. Tiefkühlware zurechtstellen. Den Ingwer und die Chilischote putzen. Basilikum-, Minze- und Petersilienblätter von den Stängeln zupfen.

Tomatensaft und die gleiche Menge Wasser in den Mixer geben. Anschließend die Obststücke bzw. Tiefkühlmischung dazugeben. Wenn keine TK-Ware verwendet wird, evtl. noch Crushed Ice dazugeben. Den evtl. geriebenen Ingwer und die etwas klein geschnittene Chilischote ebenfalls dazugeben. Basilikum-, Minze- und Petersilienblätter dazugeben. Zum Schluss das Rapsöl und das Leinsamenschrot hineingeben.

Jetzt ca. 20 Sekunden mixen und beim Mixen nach Bedarf noch etwas Wasser hineingeben.

BROMBEER-PAPAYA SMOOTHIE

Zutaten:

1 Apfel
250 g Brombeeren
60 ml Apfelsaft
1 Papaya
1 EL Ahornsirup

Zubereitung:

Immer dann, wenn wir keine Lust auf irgendeinen Smoothie mit Banane haben, wird dieser gemacht, denn er ist der optimale Bananenhasser Smoothie und in der Schichtoptik macht er sogar noch was her.

Der Apfel wird geschält und etwas kleiner geschnitten. Alles, Apfel, Brombeeren und Saft in einen Messbecher oder Standmixer geben und pürieren. Ein Glas zur Hälfte mit dem Brombeerpüree füllen und erstmal beiseite stellen. Die Papaya vierteln, die Kerne rauslöffeln und die Frucht von der Schale befreien, etwas zerkleinern und pürieren. Noch etwas mit Ahornsirup süßen und das Glas bis obenhin mit Papayapüree aufgießen.

EXOTIC GREEN SMOOTHIE

Zutaten:

2 Becher Gemüse, grünes, z. B. Kohlrabigrün oder Ampfer-Knöterich

1 ½ Becher Wasser

2 Orange(n), geschälte

1 Banane(n), gefrorene

½ Becher Mango(s)

½ Becher Ananas, frische, gewürfelte

3 etwas Dattel(n), zum Süßen nach Bedarf

Honig, zum Süßen nach Bedarf

Zubereitung:

Die Blätter des Ampfer-Knöterich bzw. Floh-Knöterich sowie die Blätter des Kohlrabigrün klein schneiden, in den Becher geben und abmessen. Das Grün mit dem Wasser zusammen in den Mixer geben und mixen, bis eine homogene Masse entstanden ist. Die Früchte hinzugeben und mixen. Wem der Drink nicht süß genug ist, der kann ein paar Datteln oder ein wenig Honig mit in den Mixer geben.3. Ein Glas zur Hälfte mit dem Brombeerpüree füllen und erstmal beiseite stellen. Die Papaya vierteln, die Kerne rauslöffeln und die Frucht von der Schale befreien, etwas zerkleinern und pürieren.

Schlusswort

Ich hoffe, dass Ihnen die im Buch enthaltenen Smoothie Rezepte, welche Ihr Immunsystem unterstützen sollen, gefallen haben und erste Erfolge des Wohlbefindens spürbar sind. Ich würde mich sehr über eine Bewertung freuen.

Haftungsausschluss

Die Umsetzung aller enthaltenen Informationen, Anleitungen und Strategien dieses Buches erfolgt auf eigenes Risiko. Für etwaige Schäden jeglicher Art kann der Autor aus keinem Rechtsgrund eine Haftung übernehmen. Für Schäden materieller oder ideeller Art, die durch die Nutzung oder Nichtnutzung der Informationen bzw. durch die Nutzung fehlerhafter und/oder unvollständiger Informationen verursacht wurden, sind Haftungsansprüche gegen den Autor grundsätzlich ausgeschlossen. Ausgeschlossen sind daher auch jegliche Rechts- und Schadensersatzansprüche. Dieses Werk wurde mit größter Sorgfalt nach bestem Wissen und Gewissen erarbeitet und niedergeschrieben. Für die Aktualität, Vollständigkeit und Qualität der Informationen übernimmt der Autor jedoch keinerlei Gewähr. Auch können Druckfehler und Falschinformationen nicht vollständig ausgeschlossen werden. Für fehlerhafte Angaben vom Autor kann keine juristische Verantwortung sowie Haftung in irgendeiner Form übernommen werden.

Printed in Poland
by Amazon Fulfillment
Poland Sp. z o.o., Wrocław

16845488R00081